40
b
91

RÉFLEXIONS

SUR

L'ÉTAT DE LA SOCIÉTÉ DES ÉLECTEURS PATRIOTES, SUR SES TRAVAUX,

SUR LES FORMES PROPRES A FAIRE DE BONNES ÉLECTIONS,

ET CE QU'IL FAUT METTRE EN USAGE POUR LE CHOIX DES ADMINISTRATEURS DE DÉPARTEMENT ;

Lues à l'Assemblée de cette Société, dans la séance du 21 décembre 1790.

Par J. P. BRISSOT, Électeur.

VISUM ITA FORTIOR.

PARIS.

---

25 DÉCEMBRE 1790.

RÉFLEXIONS

Sur l'état de la société des Électeurs patriotes ; sur ses travaux ; sur les formes propres à faire de bonnes élections, et qu'il faut mettre en usage pour le choix des Administrateurs du département.

Le patriotisme a donné naissance à la première société des électeurs. On sentoit la nécessité de faire de bons choix, l'impossibilité de les faire bons dans une assemblée nombreuse, sans une discussion préparatoire, et la nécessité de concentrer cette discussion dans une société particulière.

Elle devoit être composée d'hommes animés par le même esprit de patriotisme. On avoit prévu, qu'admettre indistinctement ceux qui n'avoient pas ce caractère, c'étoit renverser le principal but de cette société, qui se réunissoit, pour élever aux places les hommes distingués par un patriotisme éprouvé.

S'instruire par une discussion publique sur le caractère, les talens, les vertus des candidats; répandre dans l'assemblée électorale les lumières qu'on acquieroit, en répandre encore sur la marche que cette assemblée devoit suivre; écarter les obstacles qui pouvoient embarrasser ses premiers pas, tels étoient les principaux objets de cette société naissante.

Elle les a remplis à son origine. Un écrit sorti de son sein, a préparé l'anéantissement d'un décret, qui, coupant impolitiquement l'assemblée électorale en plusieurs sections, devoit amener dans les tribunaux, la médiocrité à la place du talent. Un autre écrit, en analysant la marche de l'assemblée électorale, les diverses méthodes pour la composition des bureaux et les scrutins, a abrégé ou étouffé même ces longs débats, qui auroient pu absorber des momens précieux, et qu'auroit infailliblement prolongés l'amour-propre, impatient de briller ou de détruire ce qui brilloit.

Les lumières et le patriotisme, qui ont éclairé les premiers pas de la société des électeurs patriotes, ont encore distingué les désignations des premiers candidats, et la méthode à laquelle elle avoit assujéti les discussions et les désignations. Aussi les premiers choix, faits presque sans orages, honoreront-ils toujours le corps électoral.

Alors la ferveur la plus grande regnoit parmi les membres; alors le patriotisme triomphoit; alors on excluoit, à l'unanimité, du sein de la société, un membre qui, violant tous les principes, trahissant les obligations de l'honneur, faisoit déchirer, par une main étrangère et pure, dont il dirigeoit les coups, la société même qui l'avoit admis dans son sein; alors enfin, tous les électeurs s'empressoient de se faire inscrire, assistoient en foule aux séances.

Ces beaux jours sont passés; un nouveau club s'élève. Foible, chancelant à son origine, il tend la main à son frère aîné; il cherche à s'appuyer sur son bras vigoureux, il lui présente le signe de la paix et de la fraternité. Des patriotes confians sont aisément entraînés; on croit à cette fraternité; on croit à la possibilité de se réunir, d'ouvrir une communication sincère entre les deux sociétés, de s'éclairer, de s'aider mutuellement; on le propose dans un accès de sensibilité plus généreux que réfléchi. Combien cet espoir a été déçu ! C'est à cette époque que remontent et les divisions, et la défection d'une partie des membres de la société, et ces ballotages éternels entre des patriotes respectables, et des hommes dont le civisme étoit plus que suspect. A cette époque, des considérations privées déterminent les choix, des cabales secrêtes font circuler des calomnies infâmes contre les hommes les plus respectables ; les suffrages sont accaparés dans les ténèbres, et l'aristocratie voit, d'un œil triomphant, quelques-uns de ses partisans, présentés à ces places, qui ne devoient être réservées qu'aux amis sincères de la révolution.

Rendons cependant hommage aux intentions de la majorité de l'assemblée électorale ; elle penche, avec une prépondérance marquée, pour le patriotisme, et nous en avons eu des preuves frappantes. Egarée par des hommes artificieux, elle a bientôt senti son erreur ; et plusieurs fois, balançant entre les choix du civisme et de l'intrigue, elle a presque toujours donné la palme aux patriotes, sur ces hommes qui n'avoient pour eux qu'une illustration antique, anéantie par la constitution. Tant, au milieu même de sa solitude, le patriotisme a d'ascendant sur les ames honnêtes, qui craignent de pénétrer dans son école !

C'est à cet ascendant de patriotisme que nous devons la formation du nouveau club, qui a cherché tout-à-la-fois à s'arracher, et aux séductions de l'aristocratie, et à celles de l'éloquence.

Tel est donc l'état actuel du corps électoral: trois sociétés les divisent; la première, à laquelle sont restés fidèles les vrais patriotes, et ceux qui n'abandonnent pas légèrement leurs premiers drapeaux, pour suivre la foule irréfléchie; le patriotisme est son unique base; la seconde société, formée en apparence pour se défendre de l'exagération des principes, et de l'exaltation des têtes, n'a semblé vouloir, au moins dans les premiers temps, qu'élever aux places les hommes que la richesse, la naissance, et les préjugés y appeloient exclusivement autrefois. Non pas que nous voulions prêter cette arrière pensée à tous ceux qui suivent cette société: elle a été fréquentée par beaucoup d'électeurs vertueux, qui, cherchant la lumière par-tout, croyoient la rencontrer dans ce club même.

Des principes respectables guident la troisième société. La crainte seule de l'influence des hommes de loi, les a séparés de celle des Augustins ; et, malgré cette séparation, ces deux sociétés doivent être sœurs ; car elles veulent toutes deux le triomphe et l'élévation des patriotes.

Dans cette division, que doit faire la société des électeurs patriotes ? Rester, continuer sa marche, suivre ses travaux. On a proposé de réunir les trois clubs. Plût au Ciel que cette idée fût pratiquable, ou qu'un seul esprit les animât tous ! Mais la différence de principes rend impossible une de ces réunions. Un préjugé, trop fort encore pour être vaincu, retarde la seconde. Ne la précipitons point ; laissons cet ouvrage au temps, à la réflexion. Elle convaincra bientôt les vrais patriotes du club de l'archevêché, combien il est dangereux, pour des frères, de se séparer, (*vis unita fortior*) ; combien, sur-tout, il est dangereux de ressusciter *une corporation* sous le nom de club. N'y admettre qu'une seule classe d'hommes, c'est s'exposer à se laisser guider par le fatal esprit de corps, c'est s'exposer à faire de détestables choix.

Mais en continuant d'exister en société,

Il faut examiner les moyens, non de lui rendre sa première splendeur, et cette foule qui embarrassoit plutôt qu'elle n'ornoit les séances, mais bien de rappeler dans son sein les vrais patriotes des autres assemblées.

Mais comment les rappeler? C'est en examinant les causes de la défection, que nous trouveront son remède.

On peut distinguer plusieurs causes de cette défection. D'abord, la facilité dangereuse avec laquelle on a admis les membres.

D'après son titre et son objet, cette société ne devoit renfermer que des patriotes. Mais l'affluence subite, la précipitation, la légéreté des présentations, la facilité à prodiguer les certificats de patriotisme, ont entraîné la violation de cette règle, sur laquelle on auroit dû être inflexible. On n'osoit arrêter ce débordement; on craignoit de mécontenter; on ignoroit souvent, même les noms de ceux qu'on recevoit, et la nécessité de s'occuper chaque jour du choix de plusieurs candidats, concouroit encore à écarter les difficultés sur les êtres mêmes qui en étoient le plus susceptibles. Qu'en est-il résulté? Cette société qui n'auroit dû voir dans son sein que diverses classes de patriotes, y a vu des aristocrates même. Leur esprit s'est déclaré, même dans les premières séances, et y a causé des débats scandaleux. --- Cependant, vaincus, ils ont abandonné un champ de bataille qu'ils n'osoient disputer que par des hurlemens; mais ils ont entraîné dans leur défection une foule d'esprits timides, étrangers aux formes d'élection des pays libres. Il étoit facile de les égarer, de calomnier à leurs yeux nos formes. Ainsi on leur représentoit notre tribune comme une arène ouverte à la calomnie, tandis qu'elle avoit pour but de repousser, la calomnie même, dont l'empire est dans les ténèbres, dont les coups ne sont dangereux que lorsqu'ils sont cachés ; tandis qu'elle avoit pour but de dissiper ces doutes perfides, qui, jettés avec l'air du désintéressement, acquièrent du poids par la circulation, et sont accueillis, ou au moins excitent des nuages dans l'esprit des honnêtes citoyens, qui n'ont pas les moyens de démasquer l'imposture. La publicité, cette sauve-garde des honnêtes gens, étoit peinte armée d'un stilet, qui, sans cesse, assassinoit la vertu qu'elle protégeoit au contraire.

On calomnioit, avec la même impudence, nos formes, et sur-tout celle du scrutin, que nous avions adopteé pour connoître les candidats qui méritoient la préférence. On alarmoit les consciences ; on peignoit ces formes comme immorales, comme contraires aux décrets, et violant la liberté des consciences. Rien, cependant, n'étoit plus innocent et plus moral; et il faut le prouver, en entrant dans quelques détails, puisque la calomnie n'a cessé de noircir les intentions les plus pures.

Que cherchoit-on ? que vouloit-on? Connoître, élire, et faire parvenir le meilleur. Or, pour l'élire, il falloit le connoître, et pour le connoître, il falloit nécessairement établir publiquement une discussion comparée entre les divers candidats. Il falloit, ou prendre cette voie, ou recourir à la routine trompeuse des informations secrètes.

Mais au premier pas se présentoit une difficulté, un combat : car chacun devoit naturellement se disputer la préférence pour la discussion. Comment levoit-on cette difficulté ? Par un premier scrutin, où la majorité décidoit de la priorité. Ceux dont les noms heureux avoient franchi ce premier pas, n'avoient pas encore franchi tous les obstacles ; ils n'avoient obtenu que le droit d'essuyer les premiers un examen rigoureux.

La routine s'est d'abord élevé contre cet examen, qui a effrayé les hommes médiocres, pusillanimes, ou vicieux. Les uns vouloient en bannir l'éloge, d'autres la critique. Ceux-ci vouloient restreindre la critique aux présens. Tous avoient tort. Car, pour choisir, il falloit connoître les vertus et les vices, les talens et les défauts des candidats, et par conséquent l'éloge et les critiques étoient des élémens nécessaires de cette discussion; et d'un autre côté, puisqu'on choisissoit parmi les absens, il falloit donc soumettre leur caractère à l'épreuve; ou l'on auroit choisi aveuglément, on auroit violé le serment. Et quand on se récrioit sur le devoir de respecter la vie privée des citoyens, on oublioit, que, sous un régime libre, la vie de tout citoyen appartient au public, et que de mauvaises mœurs privées ôtent au juge la confiance du peuple, cette confiance, sans laquelle il n'y a plus de respect pour la loi.

La vérité, cette fois, a prévalu sur l'erreur; la discussion a été admise; on en a bientôt senti les bons effets.

Une critique éclairée, une franchise courageuse, révéloient les fautes, ou démasquoient la nullité des aspirans vicieux ou sans talens, tandis que la justice et la vertu couronnoient le bon, l'éclairé, l'utile citoyen. Tous les électeurs puisoient dans cet examen des motifs pour appuyer leurs suffrages, et lorsque la discussion étoit fermée sur ces premiers candidats choisis, un second scrutin épuratoire, fait sous l'œil de la conscience, annonçoit ceux qui devoient mériter la palme, annonçoit les *meilleurs entre les bons.* On connoissoit donc, par cette méthode, l'opinion générale de la société.

Il faut nous arrêter sur ce scrutin épuratoire (1), tant calomnié. C'est, sans contredit, la forme la plus efficace pour assurer la préférence à l'homme éclairé et vertueux. Ce scrutin est bien supérieur à ces scrutins de liste, si propres à favoriser la rivalité et l'alliage du talent et de la vertu, si faciles à se prêter à toutes les petites intrigues. Il est bien supérieur à ces scrutins de liste double, dont

---

(1) Comme tout le monde n'a pas une idée nette de ce scrutin, il faut en donner un exemple. Il est composé de deux scrutins, dont le premier est indicatif, et le second définitif. — Supposez six juges à élire. — Vous mettez six noms sur votre bulletin. — On dépouille le scrutin ; on prend les douze noms qui ont réuni le plus de suffrages, et au second scrutin on en choisit six parmi ces douze.

le principe est manqué, dont l'idée est un enfantillage, dont l'exécution est le supplice inutile des électeurs et des scrutateurs.

Ce scrutin épuratoire est encore bien préférable à ces scrutins individuels, où la majorité absolue est une condition nécessaire; où, lorsqu'elle manque, le ballotage vient enfin décider un combat trop également contesté; ce combat, qui souvent restreint ses suffrages à deux hommes, qui en sont également indignes.

Ce scrutin individuel offre deux grands inconvéniens, sur-tout chez un peuple où les élections sont nombreuses et fréquentes. Il consomme un temps considérable, dégoute les électeurs, les réduit à un petit nombre, et favorise par conséquent les cabales, et les intérêts privés, qui ne s'exercent pas avec facilité sur une assemblée nombreuse.

Le scrutin épuratoire, abrège au contraire les élections, puisqu'il peut frapper, en même temps, sur un grand nombre de candidats; et cependant il donne presque la certitude de ne porter que les plus dignes, au moyen de la dépuration qui se fait par le premier scrutin, et de la concentration des suffrages dans un nombre donné.

Si le scrutin individuel, suivi du ballotage, étoit accompagné de ce triage au premier scrutin, ce seroit un vrai scrutin épuratoire, et alors on ne verroit pas le ballotage avoir lieu entre deux candidats médiocres.

Mais ce scrutin individuel auroit toujours un grand vice, l'individualité, qui absorbe un temps si précieux, lorsque les places à remplir sont nombreuses.

Sous quelque point de vue qu'on envisage le scrutin épuratoire, il est donc supérieur à tous les autres; il est plus expéditif, plus efficace pour faire parvenir les plus dignes. Veut-on ajouter à sa sévérité, par des épreuves qui réduisent encore plus le nombre des candidats? Au lieu d'un seul, ayez deux scrutins indicateurs, qui se réduisent graduellement.

Eh! Messieurs, quels avantages prodigieux n'auroit pas procuré cette forme, si elle avoit été adoptée pour l'élection des juges et des suppléans? Nos tribunaux seroient depuis long-temps en activité. Combien donc il est à regretter que l'assemblée nationale n'ait pas connu cette méthôde, et lui ait préféré la forme trop large des scrutins de liste double, ou trop lente, des scrutins individuels ! Combien il est à desirer, qu'instruite par l'expérience, elle adopte, enfin, le scrutin épuratoire ! Et jusqu'à ce moment n'est-ce pas le devoir de tous les clubs patriotes, de s'en servir pour préparer les élections?

Telle est pourtant la méthode qu'on a reproché à notre société d'avoir mise en usage, pour s'éclairer.

Qu'y voit-on, cependant? La méthode la plus simple, la plus sûre, pour arriver à la vérité? Par la discussion on acquieroit la lumière la plus grande sur les candidats; par le scrutin épuratoire, on connoissoit l'opinion générale sur cette discussion et sur le mérite des candidats. On avoit donc deux fanaux, pour se diriger dans son choix à l'assemblée électorale. Dire qu'une pareille méthode est immorale et contraire aux décrets et à la conscience, c'est dire qu'il est immoral, défendu par les décrets, de chercher la vérité, de chercher l'opinion publique, de se rendre à une grande masse de lumières. Préférer à cette méthode les informations isolées, incertaines, clandestines, c'est préférer le grand jour à la nuit.

Ceux qui ont accusé ce scrutin privé de rivaliser le scrutin de l'assemblée électorale, n'ont pas réfléchi sur leurs caractères différens. Telle étoit, en effet, la différence immense entre ce scrutin et celui de l'assemblée électorale; c'est que le premier n'étoit que l'expression *variable* d'une *opinion générale*, tandis que l'autre est *l'expression invariable d'une volonté générale.* Or, y a-t-il aucune analogie entre ce qui est variable et ce qui est invariable, entre une opinion et une volonté?

Assimiler encore de pareilles formes à ces sollicitations proscrites par l'assemblée nationale, c'est violer l'évidence même. Les sollicitations cherchent l'obscurité, ont des motifs honteux, portent sur des considérations privées; et notre discussion étoit publique; et nos opinions ne se formoient que sur des motifs d'utilité générale, et l'expression de notre opinion ne pouvoit être que pure; car ne portant que sur des noms que la prépondérance seule des services faisoit sortir de l'urne, les suffrages ne pouvoient, comme dans les sollicitations secrètes, être le résultat de marchés scandaleux.

Mais la conscience, nous a-t-on dit, étoit engagée. . . . Oui et non. — Sans doute elle l'étoit, quand la masse de lumières étoit telle, que vous étiez forcé de vous y rendre. Mais la conscience est-elle blessée, pour obéir à l'évidence ? ou plutôt, ne seroit-elle pas blessée, en n'y obéissant pas ? Il n'y a plus de liberté, là où la vérité se montre, puisqu'on ne peut hésiter entre la vérité et l'erreur. Il faut suivre la première, ou vouloir être coupable. C'est donc un crime alors que de conserver sa liberté.

Mais si cette vérité étoit enveloppée de nuages ; si vous ne pouviez les dissiper, malgré tous vos soins, toutes vos recherches ; alors rien ne vous obligeoit de suivre un sentiment général, auquel votre conscience refusoit son adhésion.

Cependant je dois observer ici, que, pour refuser son suffrage à un candidat sorti victorieux de trois épreuves, dans une société d'hommes éclairés, il faut avoir des motifs bien puissans, des motifs qu'on ait, avec le plus grand scrupule, pesés dans la balance, avec ceux qui ont déterminé la société.

Or, entre ceux qui affichoient ces scrupules, quel est celui qui, à chaque scrutin, est descendu dans le fond de son ame, pour examiner, analyser tous les motifs de son suffrage ou de son refus ? et qui, après un

pareil

pareil examen de conscience, ait pû dire : *Et moi seul, j'ai raison contre tous ?* Il faut être prodigieusement sûr de sa conscience ou de ses lumières, car c'est la même chose, pour lutter contre la conscience générale ou la lumière générale.

Tel étoit ici l'égarement de la plupart des esprits, égarement causé par les préjugés anciens, que beaucoup ne vouloient pas qu'on interrogeât l'opinion générale sur un candidat, même par la forme moins gênante de l'*assis et levé.* Ils aimoient mieux, s'isoler, se concentrer dans leur conscience individuelle, et juger d'après eux-mêmes, d'après eux seuls. Etoit-ce orgueil ? Non ; il eût été stupide. Etoit-ce crainte que cette opinion générale n'influençât l'opinion individuelle ? Mais c'étoit craindre de voir la lumière. Car, ou ces deux opinions s'accordoient, et ce devoit être une consolation pour la conscience individuelle ; ou elles se contrarioient, et cette contradiction imposoit l'obligation à l'individu de faire un examen approfondi., pour se rendre, ou pour persister. Il faut ici déchirer le voile qui couvre les petits calculs d'un misérable intérêt. On redoutoit l'opinion générale, parce que secrètement on s'étoit arrangé pour porter tel ou tel individu ; parce que l'opinion générale, pouvant ne pas les favoriser, feroit naître des remords ; parce que cette opinion générale pouvoit encore déranger les arrières-spéculations qu'on faisoit sur les suffrages de ceux qui, sans l'expression de l'opinion générale, auroient flotté dans l'incertitude.

On me pardonnera d'être entré dans cette discussion ; d'abord, parce qu'elle est et sera utile aux clubs électoraux, qui voudront enfin se préparer dignement à de bons choix. Ensuite, je devois cette discussion à l'honneur de la société, qui a été si souvent calomniée pour avoir adopté cette forme. J'ai trop de fois été scandalisé de l'appel à la conscience à la moralité, fait par les ennemis de la discussion publique et des scrutins, pour ne pas démasquer la mauvaise foi, ou dissiper le préjugé.

Eh ! quels avantages n'aurois-je pas sur lui, si je voulois m'étendre sur les exemples que nous fournissent les pays accoutumés depuis long-temps au régime libre, aux élections, et par conséquent aux scrutins préparatoires ? Là, non-seulement on emploie tous les moyens possibles pour connoître le meilleur des candidats, mais encore pour le faire parvenir. Là, les consciences ne se trouvent point blessées, en prenant l'engagement de porter le meilleur. Car, peut-il y avoir du mal à s'engager de faire réussir l'homme de bien? Y voir l'ombre du délit, est l'excès de l'aveuglement et de l'ignorance.

Aussi les peuples libres ne se bornent-ils pas, pour connoître et faire réussir les plus dignes candidats, de les discuter dans les sociétés, de recueillir pour eux des suffrages; ils provoquent encore l'opinion, la discussion publique dans les journaux, en affichant les noms de ceux que leurs suffrages doivent élever, et ils les portent hautement; et cependant ces peuples, et sur-tout les Américains libres nous surpassent certainement en moralité, en délicatesse de conscience.

Toutes ces raisons, et beaucoup d'autres, faciles à développer, pour justifier la première méthode que nous avions adoptée, auroient dû être imprimées. Elles auroient alors dissipé les préjugés, écrasé la calomnie et la malveillance, qui ne cessoient de ressusciter des objections cent fois pulvérisées. Ce défaut d'impression a été la seconde cause de la désertion de la société ; les consciences, qui étoient alarmées, n'ont point été rassurées ; les esclaves du préjugé l'ont toujours suivi, malgré les discours tenus dans les assemblées des électeurs patriotes ; les discours s'effacent bien vîte, les écrits seuls restent, et dissipent les préjugés.

De cette obstination du préjugé contre cette methode, est résulté une troisième cause ; c'est l'abandon même de cette méthode, qui mettoit tant de régularité dans les opérations préparatoires.

Au lieu de chercher des moyens pour diminuer la longueur des scrutins, et d'allier le scrutin épuratoire avec la présentation publique, on a tout-à-coup aboli les scrutins ; on s'est borné à la présentation et à la discussion ; et tel en a été le fâcheux résultat. On a présenté indistinctement des hommes médiocres, des patriotes douteux, et des hommes à talens. Le hasard, l'obstination, la complaisance, ont fait adjuger la priorité de discussion et de présentation, souvent aux talens médiocres, qu'on inscrivoit ensuite sur la liste. On les portoit à l'assemblée générale, et ces noms inconnus, peu propres à saisir, à entraîner l'opinion générale, se trouvant en opposition avec des noms d'illustration antique, étoient bientôt écartés, parce que la masse des électeurs aimoit mieux élire un ancien magistrat connu, quoique peu ami de la révolution, qu'un homme dont les lumières, l'intégrité et le patriotisme même étoient inconnus ou douteux.

L'abolition du scrutin épuratoire a produit un autre inconvénient plus sensible encore.

Quand un citoyen, après un premier scrutin et une longue discussion, voyoit sortir, pour la seconde fois, de l'urne, des noms respectables, il n'hésitoit pas, parce qu'il joignoit aux lumières de sa conscience, le vœu, bien prononcé, d'un grand nombre de ses frères. — S'appuyant sur ces deux bases, non-seulement il se déterminoit à leur donner son suffrage, mais il le communiquoit à ses collègues, avec cet air de confiance naturelle à l'homme qui tient la vérité, et qui veut la faire prévaloir. La majorité de la société étant guidée par le même principe, il en résultoit, au premier scrutin de l'assemblée électorale, une masse déjà imposante de suffrages, qui déterminoit les irrésolus, toujours si nombreux. On a perdu cet avantage, en abandonnant le scrutin épuratoire, et en lui substituant la méthode de *l'assis et levé;* méthode défectueuse, incertaine et peu convaincante, parce qu'elle se prête trop à l'influence de l'imitation, de la légércté, de la crainte d'opiner dans la minorité, etc.

Les hommes qui ne sont pas accoutumés à sévèrement analyser les principes de leurs actions, ont cependant une *logique d'instinct*, qui les dirige, sans qu'ils puissent en démêler les fils. La plupart des électeurs, peu familiarisés avec les formes nouvelles, n'en ayant pas régulièrement scruté, par la comparaison, les avantages, les défauts, ont cependant une opinion bien prononcée sur les uns et les autres. Ainsi ils attribuent au scrutin une espèce de certitude, de pureté, de sainteté même; et le scrutin épuratoire a sur-tout ce caractère. Car, s'il est possible que de petits intérêts glissent des noms peu méritans, au premier scrutin, cet intérêt s'évanouit presqu'en entier au second scrutin, où le combat ne se livre qu'entre les plus dignes, qu'entre des hommes étrangers souvent aux deux tiers des électeurs. Cette observation se fait involontairement par tous les électeurs, qui, de même, observent les défauts des autres méthodes. Ainsi, lorsqu'on met aux voix, par assis et levé, leur regard attentif surprend l'œil de leur voisin, épiant et calculant furtivement ceux qui se lèvent ou restent assis ; ou bien ils voient l'hésitation se peindre sur les figures ; ou bien encore ils observent la légéreté avec laquelle on se lève pour ou contre ; ils en concluent instinctivement, que la majorité, par cette méthode, n'est pas toujours l'expression de l'opinion générale. Ils ne sortent pas convaincus de cette épreuve ; et dès-lors donc ils préfèrent leur opinion personnelle à cette opinion générale mal prononcée ; dès lors les choix divaguent. Les hommes irréfléchis se plaignent de cet éparpillement ; ils accusent leurs collègues d'infidelités, et cette accusation est peu fondée ; car vous ne pouvez exiger de fidélité à se réunir au vœu commun, que lorsque ce vœu est constaté par une forme qui ne laisse aucun doute. Or, il est démontré que celle de l'assis et levé est excessivement défectueuse.

Doit-on s'étonner maintenant que les ballotages aient été si fréquens à l'assemblée électorale, et que les choix de la société n'aient pas toujours réussi ? Doit-on s'en étonner, en voyant qu'au lieu d'une opinion bien prononcée, presque tous ne portoient à l'assemblée électorale qu'une opinion incertaine; en voyant qu'aux résultats de trois épreuves sévères, faites dans une société, on substituoit plus que des renseignemens, des questions de corridors; en voyant enfin, que les lumières de la raison étoient remplacées par les insinuations, les suggestions perfides de l'intérêt? Quelle idée alors ont dû prendre de nous ces bons électeurs de campagne, eux qui cherchoient la lumière dans la simplicité de leur ame? Ils nous voyoient divisés sur nos formes, sur les moyens d'acquérir des lumières, abandonnant légérement des principes arrêtés après une longue discussion, ressuscitant des questions vingt fois décidées, errant, rétrogradant souvent de tout l'espace qu'on avoit parcouru.... Quelle foi devoient-ils alors avoir dans les sujets que nous leur proposions, au milieu de nos vacillations éternelles? Et doit-on être surpris qu'ils aient, dès-lors, abandonné la société, et souvent contrarié nos vœux?

Les différens échecs que la société a reçus

n'ont pas peu contribué encore à la défection qu'elle éprouve.

Quel motif, en effet, attiroit tant de membres dans le sein de cette société; je parle au moins d'un grand nombre? L'espoir de parvenir ou de porter ses amis. On s'attache à une société, lorsque, par une marche certaine et constante, elle fixe l'irrésolution et assure les choix. Mais si cette marche, qui promet des succès, est abandonnée; mais si les succès se balancent, alors les aspirans quittent, sous de vains prétextes, entraînent la foule ailleurs, et la suivent par-tout, jusqu'à ce que leurs vœux soient remplis, ou leur espoir anéanti.

A ces causes de défection, joignez l'amour de la nouveauté, qui n'est pas encore bien déraciné dans toutes les ames, la circulation éternelle des membres dans tous les clubs; circulation qui a nécessairement affoibli le principe dominant du nôtre. Joignez le rallentissement de la première ferveur, occasionné par la nécessité de partager son temps entre l'assemblée électorale et les affaires particulières; la tiédeur des membres qui, après avoir obtenu ce qu'ils désiroient, ont cessé de fréquenter leurs frères; comme si le devoir, autant que la reconnoissance ne devoient pas les attirer souvent dans la société, où ils pourroient puiser et donner des lumières, pour les choix subséquens; comme si des hommes réfléchis devoient oublier la nécessité de soutenir l'existence d'nn clnb patriotique électoral, pendant toute la durée de la mission des électeurs.

Telles sont les principales causes de la défection de cette société : mais la première, la plus grave est, je le répète, l'abandon des formes sévères du scrutin, que nous avions d'abord adoptées pour nous éclairer. Je regarde cet abandon comme le coup mortel donné à cette société. L'on vous a dit cependant, et répété souvent, que la défection devoit être attribuée à l'observation stricte de ces formes, qui effarouchoient les consciences timorées. — Eh bien! avez-vous vu reparoître ces hommes à conscience timorée, depuis que vous avez aboli ces formes qui les effrayoient? Ceux même qui les proscrivoient avec tant d'acharnement, se sont-ils, depuis, montrés dans la société? Non. C'étoit donc un prétexte; et, lorsque je réfléchis sur l'opiniâtreté avec laquelle on nous a persécutés pour nos principes et nos formes, je ne puis résister à croire que c'étoit un calcul perfide de l'esprit de cabale. Il prévoyoit qu'avec nos armes, nous déjouerions constamment ses manœuvres ténébreuses. Il a donc juré la ruine de nos formes; il a ameuté contre elles les hipocrites, les foibles, les ignorans, et il a réussi.

Ce tableau doit-il nous décourager? Non. Songeons, messieurs, qu'il nous reste encore une immense tâche à remplir, des choix importans à faire; songeons que nous sommes obligés de prendre tous les moyens possibles pour en faire de bons; et puisque cette société n'a pas d'autre but, soutenons-la de toute notre puissance.

Sous un régime libre, toute institution fondée sur le patriotisme, doit, avec le temps, l'emporter sur des sociétés fondées sur des calculs ou des intérêts particuliers; ces intérêts changent, se multiplient, se heurtent, la société se divise, s'évanouit. Il n'en est pas de même des vrais patriotes. Un seul intérêt les anime, l'intérêt général; et si son feu sacré en embrase encore quelques-uns, s'ils veulent adopter une marche régulière et constante, adhérer invariablement aux principes; si, sur-tout les gens à talens qu'elle renferme dans son sein, veulent, par leur assiduité, montrer l'exemple, et c'est un devoir indispensable pour eux, la société reprendra sa première influence.

Mais avant de vous exposer mon plan, il est nécessaire d'examiner ce qui nous reste à faire. Je ne parle pas ici du choix des suppléans; ils est trop tard pour leur appliquer les résolutions que je vais vous proposer; elles ne peuvent être bien praticables que pour l'élection du département.

Vous avez trente-six administrateurs à nommer, indépendamment du procureur-général-sindic; pour celui-ci, vous employerez le scrutin individuel; pour les autres, le scrutin de liste double. Ce dernier vous est sans doute connu, et je me bornerai à vous expliquer, d'après le décret, combien vous devrez en faire.

Obligés de nommer *au moins deux membres par chaque district*, vous serez obligé de faire d'abord autant de scrutins qu'il y a de districts séparés, et dans chaque scrutin, de mettre un bulletin de quatre noms.

Or, il y a trois districts dans ce département;

vous aurez donc à faire trois scrutins de liste double, pour deux candidats dans chacun.

Ici s'élève une question qui méritera d'être discutée.

Il est possible que ces scrutins, même dès le premier, donnent une majorité absolue à plus de deux membres, la donnent à quatre par exemple. Tous les quatre resteront-ils élus pour le département? N'en prendra-t-on que deux? Telle est la question.

Elle me semble facile à résoudre. Ce scrutin, pour les districs, a été imaginé pour mettre une certaine égalité entr'eux, pour donner à chacun une représentation quelconque dans le département. Mais cet esprit d'égalité seroit violé, si vous en admettiez au-delà de deux; car dans le bulletin de chaque district, vous astreignez à ne prendre que des éligibles de ce district; vous excluez les autres districts. Si donc, outre les deux représentans du district, vous admettiez ceux qui auroient en outre une majorité absolue, vous donneriez des représentans aux autres districts, dont les éligibles n'auroient point concourus; ce qui seroit un contresens politique. Vous ouvrirez d'ailleurs la porte à des cabales bien dangereuses; car dans l'espoir d'avoir beaucoup de membres au département, un district pourroit se concerter de manière à assurer dans les scrutins, la majorité absolue à plusieurs de ses candidats; d'où résulteroit inégalités, divisions, querelles.

Il faut donc borner les nominations des districts à deux candidats.

Il restera trente administrateurs à nommer par un scrutin de liste double. Il est probable, et presque certain, que ce scrutin sera composé de trois, parce que, quelque concert qu'on suppose dans les divers partis, il est impossible de croire, que dans ce conflit d'intérêts, trente personnes puissent tout d'un coup avoir la majorité.

Il eut été sans doute à desirer, Messieurs, que l'assemblée nationale n'eût pas cumulé dans un seul scrutin un si grand nombre de nominations. Cette cumulation subite empêche qu'on ne puisse discuter à temps tous les candidats qui se présentent, ouvre la porte à la cabale, qui fabrique et fait circuler des listes secrètes, lui assure des succès, parce qu'il est difficile de croire que l'homme, même avec la mémoire la plus étendue, la plus imperturbable, puisse se souvenir de soixante noms.

On vous a proposé de vous adresser à l'assemblée nationale, pour changer cette forme et diviser ce scrutin en plusieurs scrutins. Certes, il seroit à desirer qu'une pareille pétition pût être accueillie ; mais est-il prudent de la présenter ? Rapelez-vous que l'assemblée nationale doit être fatiguée des pétitions de Paris ; pétitions qui affluent des sections, des divers corps municipaux, des autres assemblées ; rappelez-vous que les momens de l'assemblée nationale deviennent de jour en jour plus précieux, et que c'est presque un crime de la détourner de ses travaux. Rappelez-vous que cette pétition a pour objet de changer un décret général pour tous les départemens.

L'inquiétude que ce scrutin unique cause aux patriotes, a déterminé M. le président de l'assemblée électorale à s'adresser à M. Thouret, membre du comité de constitution, pour lui demander la marche qu'il falloit tenir. Ce dernier a répondu que l'assemblée électorale étoit maîtresse de diviser son scrutin pour le département, pourvu qu'elle conservât le scrutin de liste double ; qu'il étoit inutile de s'adresser à l'assemblée nationale ; que cette modification avoit été pratiquée dans presque tous les départemens.

M. votre président doit donc vous proposer de diviser la nomination des 30 administrateurs en 5 scrutins de liste double.

Mais, quelle que soit la marche que l'assemblée électorale adopte, elle ne change rien au plan que je vais vous proposer.

Vingt jours peut-être s'écouleront avant que la nomination des suppléans soit terminée, ou, au moins, avant que l'on soit arrivé au scrutin des 30 derniers administrateurs, le seul qui offre quelqu'embarras, pour acquérir des lumières sur les candidats.

Or, si nous voulons mettre à profit ce temps précieux, il sera plus que suffisant pour nous éclairer sur ceux qui méritent la préférence.

Il est nécessaire de vous rappeler ici les fonctions particulières des administrateurs, pour vous indiquer ensuite les caractères particuliers que vous devez rechercher dans les candidats.

Veiller à la répartition des impôts entre les districts; ordonner et faire faire les rôles d'assiette et de contribution; régler et surveiller tout ce qui concerne, tant la perception et le versement du produit de ces contributions,

tributions, que les services et les fonctions des agens qui en seront chargés ; ordonner et faire exécuter le paiement des dépenses assignées sur chaque département. Telles sont les fonctions *propres* que cette administration doit exercer, sous l'inspection du corps législatif. En voici d'autres, qu'elle exercera sous l'inspection du roi. — Soulagement des pauvres mendians ; — inspection des hôpitaux, atteliers de charité, prisons ; — surveillance de l'éducation publique ; — manutention et emplois des fonds destinés à l'encouragement de l'industrie ; conservation des propriétés publiques, rivières, etc. — direction et confection des routes, canaux ; entretien des églises et du culte ; — maintien de la salubrité, de la sûreté publique ; — service des gardes nationales.

Vous avoir indiqué les fonctions des départemens, c'est avoir fait connoître les qualités que doivent avoir tous les administrateurs. Non pas qu'ils doivent tous les posséder au même degré ; car, puisqu'un département se divise entre un directoire qui exécute, et un conseil général qui dirige et surveille, s'il faut par-tout des lumières, il ne faut pas dans tous des connoissances de détail, et cette patience laborieuse qui surmonte tous les obstacles.

L'assemblée nationale vous l'a dit dans son instruction. —

« Les directoires doivent être en tout temps, et sur-tout en ce premier moment, composés de citoyens sages, intelligens, laborieux, attachés à la constitution ».

Il faut fixer d'une manière plus précise les caractères des administrateurs.

1°. Patriotisme éprouvé;

2°. Lumières;

3°. Intégrité reconnue;

4°. Intrépidité pour découvrir les abus et s'y opposer.

Le premier caractère est d'une nécessité absolue. Car, on peut être, à la rigueur, bon juge, et ne pas trop aimer la constitution. Mais il est difficile d'allier une administration appliquée et laborieuse, avec l'aversion pour la constitution. Or, si des administrateurs laissent à cette aversion quelqu'influence sur leurs opérations, combien il leur est facile, et de causer des malheurs incalculables, et de s'assurer l'impunité! Quand je parle d'un patriotisme éprouvé, je peins cet amour pour la liberté, qui s'est fortement signalé dans cette révolution; je peins, sur-tout, celui qui n'a pas attendu la révolution pour se manifester.

Les lumières, en administration, ne sont ni communes, ni étendues ; et ce malheur est un résultat forcé du régime despotique, qui déroboit au peuple la manutention des affaires publiques, pour la partager exclusivement entre ses spoliateurs. Il est encore le résultat de la révolution, dont la défense a dû absorber toute notre attention ; révolution qui ne nous a laissé que le temps de détruire, sans pouvoir réorganiser, et nous instruire dans l'art de l'économie qui convient à un peuple libre. Mais les lumières en administration ne tarderont pas à naître et à se répandre, et par la rotation perpétuelle qui appelera successivement tous les citoyens dans toutes les places publiques, et par ce louable esprit d'émulation et d'ambition, qui les entraînera tous à se distinguer, à se surpasser par les connoissances.

- En attendant ce concours, cette abondance de lumières, c'est le devoir des bons citoyens d'accueillir, d'encourager, de porter ceux qui, malgré les entraves de l'ancien despotisme, ont étudié la science de l'administration, ou même ont eu occasion de la pratiquer. Et c'est un hommage que je me plais à rendre à la vérité, l'assemblée électorale renferme dans son sein plusieurs de ces citoyens précieux. Avec leur aide, ne tarderont pas à se former les collègues de toutes les professions que vous leur donnerez; et par ces collègues, comme par autant de canaux, les lumières économiques se distribueront dans toutes les classes.

Mais il est deux qualités essentielles et indispensables dans un administrateur, c'est l'intégrité et l'intrépide sévérité, pour dévoiler et détruire les abus. Il n'en est pas, comme vous l'a observé un de vos ingénieux collègues, de l'administration, comme de la justice. Ici, la loi pose des bornes fixes au juge; s'il les franchit, il est facile de prouver sa prévarication. Rien de plus difficile, au contraire, que de fixer la responsabilité en matière d'administration. On peut y violer souvent les règles de la délicatesse et même de l'austère probité, sans s'exposer aux poursuites, et cette facilité s'agrandit sur-tout dans les temps d'anarchie, ou lorsqu'on en sort à peine. On doit donc rechercher, pour l'administration, la probité la plus stricte.

Les fonctions que la constitution attribue aux départemens, exigent pareillement de leurs membres une implacable sévérité. Ils sont appelés à vérifier les opérations des municipalités ; ils sont appelés encore à juger les réclamations ouvertes par la destruction des anciens abus. Or, si dans un poste aussi délicat, on ne s'armoit d'austérité, de rudesse même ; si l'on se laissoit entraîner à cette indulgence, cette vertu par excellence du bon peuple françois, vertu si dangereuse dans un homme public, combien de malheurs, d'abus nouveaux n'entraîneroit-on pas, sur-tout dans une ville aussi peuplée, où les besoins sont si nombreux, où de leur voile on peut couvrir tant de brigandages ; — où l'impossibilité présumée de remédier au mal, l'habitude de vivre à côté de lui, amènent si naturellement à transiger avec ceux qui en vivent, qui exploitent les abus comme une propriété !

L'importance de ces fonctions, l'étendue des qualités nécessaires pour les remplir, vous imposent la loi d'être très-religieux dans vos choix, et de vous procurer, avec l'attention la plus rigoureuse, toutes les lumières possibles sur les candidats qui vous seront présentés. Elles vous imposent donc la loi de recourir aux formes que je vous ai indiquées, puisqu'elles semblent plus efficaces pour arriver à la vérité. Ce recours est d'autant plus nécessaire, qu'ici votre choix n'est pas concentré, comme il l'étoit pour les juges, dans une simple profession; il doit s'étendre, se disséminer sur toutes. Mais dans toutes, les citoyens n'étoient pas en évidence comme les avocats, des juges. La publicité de la vie de ces derniers étoit une espèce de fanal qui pouvoit vous guider. Ce fanal vous manque pour le choix de vos administrateurs. Car, à l'exception de quelques citoyens, que leur carrière appeloit sous les yeux du public, même sous le despotisme, la vertu des autres s'exerçoit dans l'obscurité. Il est donc plus difficile de la connoître; on peut donc plus aisément égarer les citoyens, ou les jetter dans l'incertitude. La discussion publique, jointe aux scrutins, devient donc d'une nécessité absolue.

Et telle est la double base sur laquelle je fonde le projet pour préparer l'élection du département.

Trop de scrutins fatiguent; il faut donc les réduire. — Deux suffisent ici; l'un, pour les six membres des trois districts ; l'autre, pour les trente membres restans. — Au scrutin indicatif, nous substituerons les listes remises aux scrutateurs dans un certain ordre.

Chaque membre de la société donnera la liste des trente membres. Je préfère cette méthode à celle de diviser en cinq listes de six, parce que cette opération quintuple fatigueroit encore la société.

On dépouillera ces listes; on prendra les soixante membres qui auront recueilli le plus de suffrages. Cette liste sera imprimée, et tous les soixante seront soumis successivement à la discussion.

Je n'ai pas besoin de m'étendre sur l'utilité de l'impression des listes; elle identifie, pour ainsi dire, le public au collège des électeurs, elle l'associe à ses fonctions, elle le met à portée de les assister de ses conseils, de l'éclairer de ses lumières. Nous en réunirons un faisceau suffisant, et l'esprit public n'aura acquis sa hauteur, que lorsque ces listes paroîtront dans tous les papiers publics, y seront discutées par tous les citoyens, comme ils le sont dans cette tribune. Voulez-vous faire le bien, forcer chacun à le faire ; mettez-le toujours en présence du public.

Eh quoi ! l'assemblée nationale se fait un devoir de communiquer au public le projet de ses décrets, afin d'entendre, de recueillir tous les avis, de provoquer la discussion publique ; — et l'on ne soumettroit pas d'avance à la censure ceux qu'on va lui donner pour chefs, pour administrateurs !

Lorsque la discussion sera terminée, alors commencera le scutin épuratoire, c'est-à-dire le choix des trente, dans la liste des soixante ; et il est une manière bien expéditive, que nous pourrons employer pour faire ce choix.

La liste des soixante sera imprimée avec une barre à côté de chaque nom : chaque membre croisera la barre de ceux qu'il préférera, et on en fera le dépouillement d'après cette marque. C'est ainsi que le scrutin se fait à Genève. Vous devez sentir combien cette méthode est expéditive : elle dispense d'écrire ; avantage précieux pour les citoyens peu accoutumés à manier la plume ; elle prévient les erreurs, les équivoques de noms. Si cette méthode pouvoit être adoptée à l'assemblée électorale, l'élection auroit été faite avec la plus grande célérité.

Toutes ces opérations devroient être précédées d'une invitation faite par la société, dans une lettre circulaire, adressée à tous les membres patriotes. On les conjurera de réunir tous leurs efforts, toutes leurs lumières, pour faire un choix digne de nous, digne de la révolution, et propre à la soutenir dans la capitale, qui l'a commencée, qui doit la consolider.

Le patriotisme embrase encore trop de cœurs, pour désespérer du succès. Si nous sommes séparés, accusons-en des mal-entendus plutôt que la tiédeur et l'indifférence. La majorité veut le bien, le fera; il suffit de lui en indiquer les moyens. Et ne voyez-vous pas l'intérêt aussi s'empresser d'apporter ses listes, et les glisser dans l'urne que vous présenterez. Nous aurons peut-être plus à nous plaindre de l'abondance que de la disette. —

A ces moyens, nous devons en joindre un autre. Réunir tous les clubs en un seul, est une chimère; je vous en ai dit les raisons. Mais établir un concert entre les deux sociétés, dont les principes sont communs, est un sage conseil, que vous adopterez sans doute.

Ce concert ne peut exister, qu'en confiant le soin de le créer, de l'entretenir à un comité *actif*, peu nombreux, chargé de veiller d'ailleurs à toutes les autres opérations. C'est la seule manière de soutenir une société ; car ce qui doit se faire par tous, ne se fait par personne. Et voilà pourquoi chez les peuples libres, accoutumés depuis long-temps à ces institutions qui apportent les lumières, il n'en existe point sans ces comités actifs ; ils agissent, ils exécutent les décisions, tandis que les assemblées générales consument leur temps en discussions, et échouent toujours contre les embarras de l'exécution.

C'est en pratiquant tous ces conseils, cette sévérité dans les scrutins, cette publicité dans vos discussions, la publicité de leurs résultats, de vos listes ; c'est enfin, en vous montrant clairement au grand jour, que vous éviterez ces reproches de *cabale*, que j'ai entendu répéter tant de fois, et qu'il importe d'éclaircir une fois pour toutes.

Le mot cabale est, en matière d'assemblée, ce qu'est le mot libelle en matière d'écrits. Les fripons crient aux libelles, et en font, ils crient de même à la cabale, et eux seuls font des cabales. Ils savent fort bien qu'avec ce mot, ils empêchent les associations des honnêtes gens, et qu'avec la chose, ils séduiront facilement les imbéciles.

Une cabale est une association ténébreuse d'hommes qui ont des vues pervers, qui emploient des moyens pervers. Changez la nature des vues et des moyens, que tous deux soient purs, l'association est honnête, et il n'y a plus de cabale.

Cette sorte d'association est nécessaire, toutes les fois que les méchans cabalent ; car, enfin, un individu seul ne peut résister à une société de scélérats : seul, il risque d'en être écrasé. Qu'il se réunisse à d'autres honnêtes gens, et il repoussera les ennemis du bien public, et il les écrasera.

Il résulte de-là, que puisque le maintien de la constitution exige des assemblées électorales et administratives; puisque le salut du peuple exige qu'elles soient composées de patriotes intégres et courageux; puisque le choix peut être surpris, égaré par les cabales d'hommes pervers ; il résulte de-là, dis-je, que les honnêtes gens doivent se réunir, pour éclairer et le peuple et les électeurs ; qu'ils doivent opposer les principes aux manœuvres ; qu'ils doivent éclairer du grand jour toutes les ruses de leurs ennemis.

Ceux-ci, sans doute, crieront à la cabale! Laissez-les crier : encore une fois, un mot justifie les honnêtes gens. Le bien public! il justifie, autorise, nécessite les associations, puisque, par des cabales on veut le détruire. Refuser, rougir, craindre de paroître dans ces associations patriotiques, c'est être mauvais citoyens. Quand des hommes dangereux infectent une forêt, c'est un devoir imposé à tous les honnêtes gens de s'associer pour les réprimer.

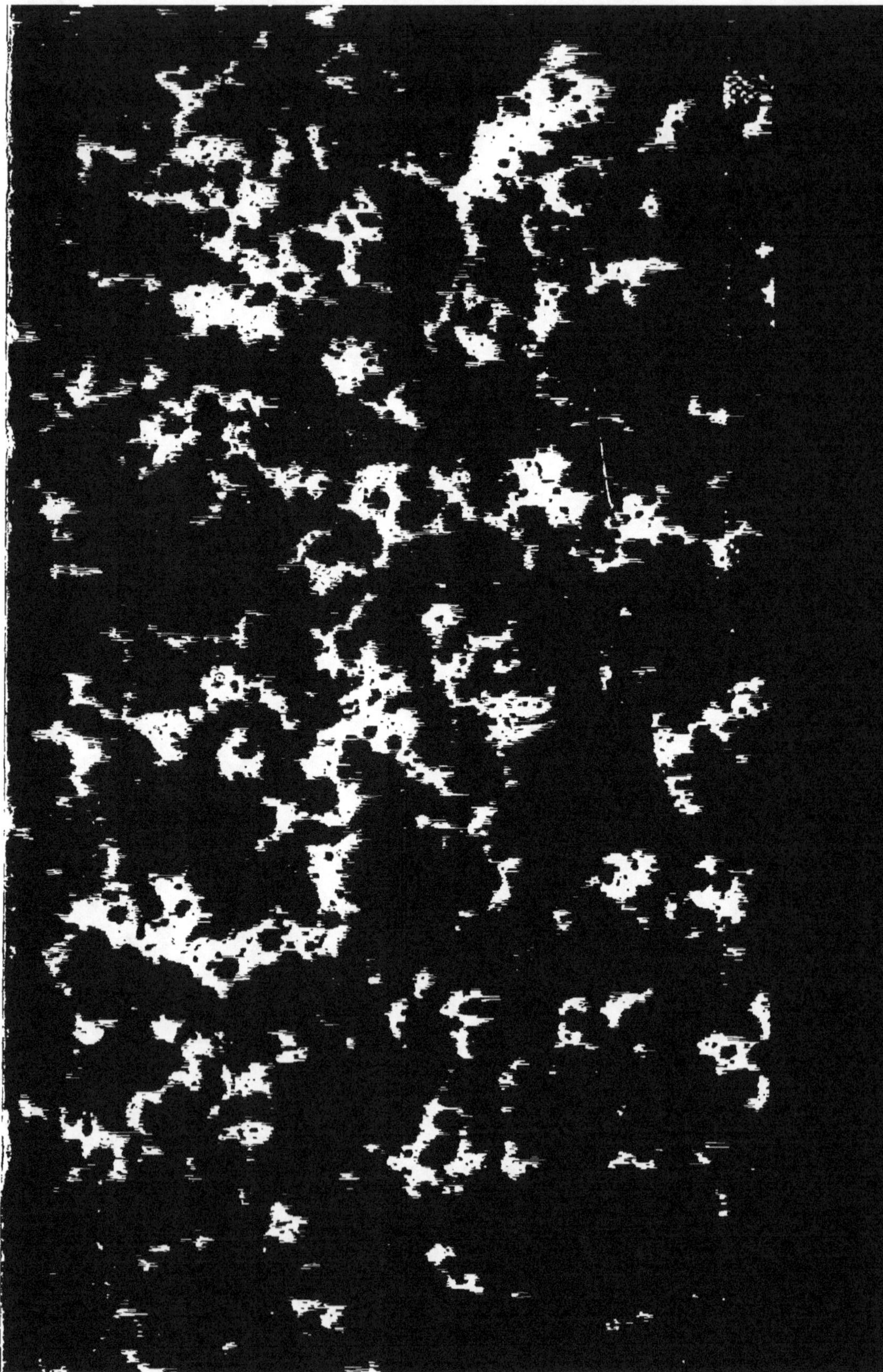

www.ingramcontent.com/pod-product-compliance
Lightning Source LLC
LaVergne TN
LVHW010103230826
846091LV00005B/2070

9782013259637